CHEMINS DE FER

MACHINES LOCOMOTIVES

APPLICATION DE LA CHALEUR DIRECTE DU FOYER

AU SÉCHAGE ET AU SURCHAUFFAGE DE LA VAPEUR

PAR

H. B. HITTORF

INGÉNIEUR

attaché à la Commission du Royaume de Prusse et des États de la Confédération
de l'Allemagne du Nord pour l'Exposition universelle de 1867

AVEC DEUX PLANCHES DE DESSIN

PARIS

IMPRIMERIE ADMINISTRATIVE DE PAUL DUPONT

41, RUE J.-J.-ROUSSEAU (HÔTEL DES FERMES)

1869

MACHINES LOCOMOTIVES

APPLICATION DE LA CHALEUR DIRECTE DU FOYER

AU SÉCHAGE ET AU SURCHAUFFAGE DE LA VAPEUR

PAR

H.-B. HITTORF

INGÉNIEUR

ATTACHÉ A LA COMMISSION DU ROYAUME DE PRUSSE ET DES ÉTATS DE LA CONFÉDÉRATION
DE L'ALLEMAGNE DU NORD POUR L'EXPOSITION UNIVERSELLE DE 1867

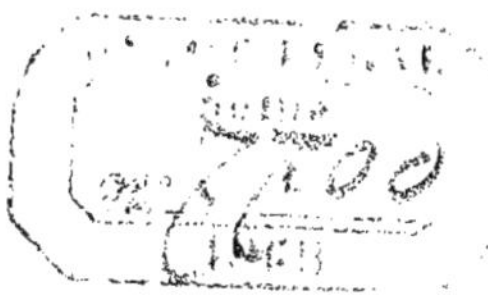

Avec deux planches de dessin

PARIS

IMPRIMERIE ADMINISTRATIVE DE PAUL DUPONT

41, RUE JEAN-JACQUES ROUSSEAU, 41

1869

MACHINES LOCOMOTIVES

En étudiant les appareils qu'on a employés jusqu'à ce jour pour sécher et surchauffer la vapeur des machines fixes, on arrive à ce résultat, que, en diminuant la surface de chauffe de l'appareil surchauffeur, on choisit maintenant son emplacement à des endroits qui sont exposés à la chaleur la plus intense. Ainsi j'ai trouvé (1) en Allemagne un appareil qui est composé des tuyaux doubles et dans lequel, comme indique la figure VII, planche I, la vapeur entre dans le tuyau a pour sortir par le tuyau b. L'appareil se divise en deux compartiments, dans lesquels la vapeur descend par les tuyaux intérieurs et, après s'être séchée et surchauffée, remonte par les tuyaux extérieurs. L'appareil, qui est en fonte, est exposé à un feu direct, placé au-dessous des tuyaux doubles et alimenté par les gaz d'un haut fourneau. Il fait marcher une machine soufflante et il produit un résultat très-avantageux bien que sa surface de chauffe ne soit pas très-grande. Cet appareil fonctionne presque sans interruption depuis six ans et les frais d'entretien et de réparation sont à peu près nuls. Cette

(1) Verhandlungen des Vereins zur Befoerderung des Gewerbefleisses in Preussen. — 1867, Berlin, Lief. 2-4.

disposition subdivise la masse de vapeur produite, active sa marche et la met en contact avec les parois intérieurs des tuyaux exposés au feu direct : cet emploi de la vapeur utilise donc toute la chaleur qui s'y trouve et en même temps empêche les tuyaux d'être brûlés par l'intensité du feu.

Un autre appareil, qui repose sur le même principe d'une petite surface de chauffe et d'une grande intensité de chaleur est celui de M. Petitpierre. Cet appareil consiste dans un tube en fer étiré, qui affecte la forme d'un fer à cheval et qu'on installe dans le foyer même du générateur à vapeur. C'est sur un appareil de M. Petitpierre qui avait une surface de chauffe totale de 1^m175, que M. Tresca a fait des expériences au Conservatoire impérial des Arts et Métiers (1). Ces expériences ont été faites sur deux machines. L'une de ces machines fut construite en 1851 et l'autre en 1853, toutes les deux sont à un tiroir et ne sont différentes l'une de l'autre que par leur installation. La première se trouve installée tout près du générateur à vapeur, tandis que la seconde en est éloignée d'une distance de 34 mètres. L'influence de la vapeur surchauffée sur la première de ces deux machines a été telle, qu'on a dû cesser l'expérience à cause du grippement du tiroir et du piston. Par contre, des expériences très-scrupuleuses faites sur la seconde machine ont prouvé, que non-seulement cette machine fonctionne avec la vapeur surchauffée sans aucune difficulté et sans exiger un graissage plus soigné qu'à l'ordinaire, mais que la consommation en eau et en charbon a été réduite dans une proportion notable. L'économie constatée par exemple pour le charbon s'est élevée à 25 0[0.

Il résulte de ces expériences et de beaucoup d'autres faites avec la vapeur surchauffée, qu'il est absolument nécessaire pour le bon fonctionnement d'une machine que la vapeur ne soit pas entièrement sèche, ou que la vapeur rendue sèche, subisse par une longue conduite des refroidissements et des condensations,

---

(1) Annales du Conservatoire impérial des Arts et Métiers, tom. VIII, pag. 267.

qui la rendent propre pour le bon fonctionnement d'une machine.

En même temps toutes ces expériences démontrent que tous les mécanismes qui causent un frottement trop grand doivent être évités et qu'il est nécessaire, par conséquent, que les machines qu'on destine pour l'emploi de la vapeur sèche et surchauffée soient d'une construction des plus simples. Il est seulement à regretter que ces expériences n'aient pas encore conduit à déterminer la proportion moyenne qui existe entre la surface de chauffe d'un appareil surchauffeur exposé à un feu direct et la distance entre lui et la machine, sur laquelle elle doit agir. En ayant égard à cette proportion on pourrait même parvenir à faire marcher avec la vapeur surchauffée et une économie de combustible une machine placée à peu de distance de l'appareil surchauffeur.

On peut arriver à ce résultat aussi par d'autres moyens. Un de ces moyens consiste dans le mélange de la vapeur sèche avec une portion convenable de vapeur humide. L'autre moyen consiste dans la division des produits de combustion du foyer, dont la plus grande partie serait réservée à la production de la vapeur tandis que le reste servirait au séchage et au surchauffage de la vapeur. En réglant dans le premier cas le mélange, dans le second la force et la quantité des produits de combustion, on peut obtenir une vapeur plus ou moins sèche, selon l'emploi auquel on la destine. Pour une machine marchant d'une manière régulière, il ne sera pas difficile pour un bon mécanicien, de régler le surchauffage lui-même. Toutefois il serait à souhaiter, qu'on trouvât un petit appareil ou une substance quelconque qui pourraient indiquer les quantités variables d'eau contenues dans la vapeur. On déterminerait alors ces variations par des expériences et indiquerait par conséquent les différents mélanges d'eau et de vapeur qui pourraient servir pour le bon fonctionnement de telle ou telle machine. Il serait facile alors et à la portée de tout le monde de profiter à volonté et sans crainte des avantages que prête l'emploi de la vapeur sèche et surchauffée.

La question de séchage et de surchauffage de la vapeur se présente sous un aspect tout différent pour les machines locomotives. Dans les machines fixes la vapeur de la chaudière est presque sèche, et l'eau qu'elle entraîne est en faible quantité. Il n'en est pas ainsi dans les machines locomotives. Il est incontestable que la quantité de l'eau entraînée par la vapeur, non compris les pertes par les soupapes, etc., s'élève, pour les machines à petite vitesse, à 20 0[0, et pour les machines à grande vitesse à 30 0[0.

En utilisant cette eau, soit en la séparant de la vapeur, soit en déterminant sa vaporisation, on obtiendra un effet des plus grands et des plus utiles lors de son emploi pour la marche des locomotives. Aussi les moyens qu'on a employés jusqu'à ce jour pour arriver à ce but sont-ils nombreux. Malheureusement toutes les expériences que l'on a faites jusque dans le dernier temps (1) arrivent aux mêmes résultats et démontrent que le moyen de prévenir cette perte d'eau et de combustible n'est pas encore trouvé.

Ainsi les dômes au-dessus de la chaudière, les tuyaux de prise de vapeur placés dans l'intérieur de la chaudière, avec lesquels on cherche à séparer l'eau de la vapeur en l'obligeant à passer par des petits trous ou des longues et étroites fentes, sont des expédients dont l'efficacité est très-contestée. On a augmenté le volume occupé dans la chaudière par la vapeur et on a supprimé les dômes généralement employés autrefois, on les a repris, et, toutefois, toutes les expériences, même les plus récentes, constatent les pertes d'eau et de combustible mentionnées plus haut.

Dernièrement, on a voulu agir sur l'eau entraînée par la vapeur en séchant et surchauffant la vapeur. On a employé à cet effet les produits de combustion, qui avaient servi dans la

---

(1) Les expériences les plus sérieuses et les plus récentes se trouvent dans l'ouvrage : *De la résistance des trains et de la puissance des machines*, par MM. Vuillemin, Guebhard et Dieudonné. — Paris, 1868.

chaudière à la production de la vapeur et on a mis dans la boîte à fumée ou au-dessus de la chaudière des appareils qui étaient entourés ou parcourus par ces produits. C'est une erreur. Le peu de pouvoir absorbant de la vapeur exige une température plus élevée que celle que présentent les produits de combustion qui ont déjà passé par la chaudière. Aussi les expériences prouvent qu'une chaudière munie de longs tubes et d'une grande surface de chauffe donne comparativement à cette surface de chauffe des résultats moins satisfaisants qu'une chaudière munie de tubes moins longs et d'une surface de chauffe plus petite. Quand les produits de combustion, arrivés au bout des tubes, produisent si peu d'effet sur l'eau de la chaudière, il est naturel que leur effet sur la vapeur soit presque nul. Aussi les grandes machines locomotives munies des appareils de séchage et de surchauffage placés au-dessus de la chaudière, qui se trouvent au chemin de fer du Nord, ne correspondent nullement au but qu'on s'est proposé. Ces appareils ne sont, à proprement dire, que des réservoirs à vapeur, et quant aux avantages qui résultent de ces réservoirs, ils sont nuls. La vapeur reste dans les mêmes conditions que dans les machines ordinaires, et quant à la force de traction et à la dépense de combustible, elles sont les mêmes que pour les machines pour fortes rampes à huit roues accouplées, travaillant sans appareil surchauffeur, qui se trouvent sur la même ligne.

En poursuivant cette idée d'agir sur l'eau entraînée par la vapeur en séchant et surchauffant celle-ci, on ne trouve qu'un seul moyen pour arriver à un bon séchage et surchauffage, c'est l'emploi de la chaleur directe du foyer. Les calculs par lesquels on détermine ordinairement la hauteur des températures donnent à la température des foyers un degré très-élevé, et on a reculé devant le danger d'exposer un appareil quelconque à cette température. Cette crainte n'est pas fondée. Les beaux travaux de M. Henri Deville démontrent clairement qu'il faut se méfier énormément de la hauteur des températures qu'on obtient par les calculs. Les appareils surchauffeurs pour machines fixes exposés à un feu direct, qui travaillent depuis quelques années et que je viens de mentionner plus haut, prouvent aussi le peu de fondement de cette crainte.

Ailleurs, on conteste l'utilité en général de l'emploi de la vapeur surchauffée pour les machines locomotives, qui marchent sous une pression très-élevée, et on dit que les économies obtenues sur le combustible et l'eau sont compensées par les usures causées par le grippement des pistons et des tiroirs. Jusqu'à maintenant on n'a pas encore employé de la vapeur sèche et surchauffée pour les machines locomotives et, par conséquent, on n'a pas des résultats qui prouvent que ces contestations soient fondées. La pression de la vapeur sèche employée pour les machines fixes n'est pas moins grande que la pression normale des locomotives et des résultats obtenus par un travail continuel de plusieurs années démontrent clairement que le grippement des pistons et des tiroirs peut être évité, tout en obtenant les avantages qui résultent de l'emploi de la vapeur surchauffée. On a remarqué souvent aux machines locomotives que certains mécaniciens, ayant l'habitude de marcher bas d'eau, consomment moins de combustible que d'autres mécaniciens, ayant l'habitude de marcher haut d'eau, mais, qu'en revanche, les machines des premiers demandent plus d'entretien. On prête cet inconvénient à l'emploi de la vapeur sèche. Je ne crois pas que la vapeur prise même sous ces conditions soit sèche, et je pense que les usures des cylindres et des tiroirs sont dues à des matières étrangères contenues dans l'eau et qui, n'ayant pas encore pu se fixer aux incrustations déjà formées, sont entraînées par la vapeur.

Toutefois, moi aussi, je suis de cet avis, qu'il est nuisible pour le bon fonctionnement, aussi bien des machines locomotives que des machines fixes, d'employer une vapeur entièrement sèche. Mais, en même temps, je suis persuadé que la quantité d'eau entraînée par la vapeur est trop grande dans les machines locomotives et qu'on peut en utiliser une bonne partie, sans craindre les inconvénients qui résultent de l'emploi d'une vapeur entièrement sèche. Le but de ce travail est précisément d'indiquer les moyens que je crois bons pour arriver à la détermination de la limite de l'emploi de la vapeur sèche et surchauffée.

Il n'y a pas de machines qui remplissent aussi bien que les machines locomotives les conditions qui sont nécessaires pour l'emploi de la vapeur surchauffée. Avec le temps et l'expérience on est arrivé à préférer le mécanisme le plus simple à toutes les combinaisons et complications qui ont été faites au mouvement d'une locomotive. Toutes les locomotives se construisent maintenant à un seul tiroir, arrangement qui est des plus favorables pour l'emploi de la vapeur surchauffée. Aussi, dès le commencement de mes études sur cette question, mes recherches étaient surtout dirigées par l'intention de trouver un appareil surchauffeur pour les machines locomotives qui, en changeant très-peu l'ensemble des types ordinaires des locomotives, leur laissât surtout les grands avantages d'une simplicité complète.

Les résultats auxquels je suis arrivé par la recherche d'un appareil surchauffeur exposé au feu direct du foyer pour les machines locomotives peuvent se diviser en deux groupes. La différence de ces deux groupes consiste dans la manière dont le séchage et le surchauffage de la vapeur est réglé. Dans le premier groupe cela se fait par le réglage de l'effet des produits de la combustion sur la vapeur, et, dans le second groupe, il se fait par un mélange de la vapeur sèche et surchauffée avec la vapeur ordinaire et humide de la chaudière. Le premier groupe se trouve représenté sur la planche I par les figures I, II, III, IV, V et VI. Le second groupe se divise en deux systèmes, qui se trouvent sur la planche II, et dont le premier est représenté par les figures I, II, III, IV, V, VI, VII, et le second par les figures VIII, IX, X et XI.

Dans le premier groupe, l'appareil surchauffeur consiste dans un cylindre en fer, muni des tubes, qui se trouve au-dessus de la chaudière. Il est attaché à la chaudière seulement par la conduite de vapeur a et par la boîte à fumée. Le canal en cuivre b est rivé à la boîte à feu et au canal c, qui est attaché lui-même par des boulons à la plaque *d*. L'appareil surchauffeur n'est pas fixé à la plaque *d*, mais s'emboîte seulement dans celle-ci. La partie *e* est fixée solidement par des boulons à la chaudière et à la plaque *d*, de sorte qu'une partie de la vapeur peut circuler autour des canaux *b* et *c*, et entrer par le petit tuyau *f* dans l'appareil surchauffeur. Les dimensions du cylindre de l'appareil surchauffeur ne sont que suffisantes pour faire passer la vapeur nécessaire à la marche des pistons. Les caisses à sable, le régulateur de la prise de vapeur, et tous les petits mécanismes se cachent facilement sous l'enveloppe de la chaudière, et on aura une locomotive aussi belle d'extérieur que commode pour le service.

Il passe directement par les tubes du surchauffeur environ un dixième des produits de la combustion et il est facile de régler la quantité de ces produits par un régulateur. Ce régulateur consiste dans une espèce de jalousie placée dans la boîte à fumée, qui permettra, par une inclinaison plus ou moins grande vers le haut, de profiter à volonté du tirage obtenu par le jet de vapeur. Ce tirage est nul et pour ainsi dire coupé par le jet de vapeur, quand le régulateur se trouve dans la position indiquée sur le dessin. Pour installer sans danger les parties qui conduisent les produits de combustion du foyer à l'appareil surchauffeur, j'ai employé les plaques en cuivre pour foyer, dont les surfaces partielles, comprises chacune entre une série de quatre entretoises, sont bombées, et qui permettent de rendre une partie quelconque du foyer à peu près indépendante des oscillations et des déformations qui résultent du refroidissement. Pour éviter de donner aux tubes du surchauffeur un poids trop grand, on peut très-bien diviser l'appareil surchauffeur en deux parties.

Dans le second groupe (planche II), l'appareil surchauffeur consiste dans une série de tuyaux doubles qui se trouvent dans le foyer même et qui sont attachés au ciel du foyer et au-dessus de la chaudière. Ce second groupe se divise en deux systèmes. Dans le premier système, qui est représenté par les figures I à

VII inclusivement, l'appareil, qui est entièrement en fonte, se trouve attaché par des boulons vissés sur la chaudière. La vapeur de la chaudière entre par l'ouverture a dans la partie supérieure de l'appareil, d'où elle pénètre dans les tuyaux doubles ; elle descend par les tuyaux intérieurs b et remonte par les tuyaux extérieurs c dans la partie inférieure de l'appareil. Sur cette partie se trouvent placées les deux soupapes de sûreté d et le sifflet d'alarme e. Un pont f coupe le courant de la vapeur avant qu'elle entre dans la partie de l'appareil où se trouvent deux régulateurs. L'un de ces deux régulateurs g communique avec la conduite de la vapeur aux cylindres, et l'autre h communique directement avec l'intérieur de la chaudière. En ouvrant les deux régulateurs, je peux produire à volonté, dans cette partie de l'appareil, un mélange entre la vapeur sèche, qui a traversé les tuyaux doubles, et la vapeur humide prise directement de la chaudière. Ce mélange sera facilité par le pont f qui coupe la marche droite de la vapeur et fait produire une espèce de tourbillon. En ouvrant plus ou moins le régulateur g, ce qui est facile de constater sur un secteur gradué, on peut augmenter ou diminuer la quantité de la vapeur humide qui se mêle à la vapeur sèche ; en fermant ce régulateur, on empêchera entièrement le mélange dans le cas où l'influence de la vapeur sèche et surchauffée ne serait pas nuisible à la marche des pistons et des tiroirs. La jonction de l'appareil en fonte avec le foyer en cuivre et la destruction de la différence des effets de la dilatation se fait par une bande en cuivre ondulée i, qui est fixée par des boulons vissés d'une part au ciel du foyer, d'autre part à une plaque en fonte qui se trouve entre les tuyaux extérieurs de l'appareil surchauffeur et qui forme avec ces derniers une seule pièce.

Dans le deuxième système, représenté sur la planche II par les figures VIII à XI inclusivement, l'appareil surchauffeur, qui est aussi en fonte, est divisé en deux parties distinctes, dont l'une se compose des tuyaux extérieurs reliés entre eux par une plaque attachée par des boulons vissés au ciel du foyer. L'autre partie, qui est fixée au-dessus de la chaudière, se compose d'une caisse en fonte à laquelle sont attachés les tuyaux extérieurs et sur laquelle se trouvent les soupapes de sûreté et le sifflet d'alarme. La partie qui contient les deux régulateurs est fixée à cette caisse et reste la même que pour le premier système. Par la division de l'appareil surchauffeur en deux parties distinctes, la différence des effets de la dilatation est évitée. Dans ce système, la vapeur entre directement à l'intérieur de la chaudière dans les tuyaux doubles, descend par les tuyaux extérieurs b et remonte par les tuyaux intérieurs c qui sont attachés par des boulons vissés à la caisse en fonte placée sur la chaudière et attachée à celle-ci par des boulons vissés. Pour éviter que les oscillations et les ébullitions de l'eau au-dessus de la boîte à feu ne projettent une quantité d'eau trop grande dans les tuyaux doubles, je place au bout des tuyaux extérieurs une plaque en tôle k qui les relie entre eux.

L'utilité de l'emploi de la vapeur sèche et surchauffée pour les machines locomotives une fois reconnue, je ne crois pas qu'il soit facile de trouver des appareils qui satisfassent aussi bien sous tous les rapports aux exigences de machines aussi perfectionnées que les locomotives. Les systèmes du second groupe, et surtout le second système, peuvent être appliqués sur tous les systèmes de locomotives et même, avec très-peu de frais, à toutes les locomotives déjà en service. Tous les détails qui servent pour le régulateur de la prise de vapeur, etc., et qu'on attache généralement à la chaudière disparaissent, et, excepté la grande caisse en fonte, il ne reste presque rien qui soit attaché directement à la chaudière. L'appareil remplacera par son poids, qui n'est que de 450 kilogrammes pour le second système, dans beaucoup de cas, le lest qu'on est obligé de mettre sur les roues motrices des machines locomotives. La seule crainte qu'inspirent ces appareils est le grand espace qu'ils embrassent sur la chaudière. Cette crainte n'est qu'apparente. La pression de la vapeur dans ces appareils s'exerce de deux côtés, aussi bien vers le haut que vers le bas et les accidents qui se présentent chez des appareils placés au-dessus de la chaudière résultent généralement de la pression simple de la vapeur vers le haut.

Le maniement de ces appareils de séchage et de surchauffage de la vapeur consiste, pour le premier groupe, dans le régulateur et dans l'inclinaison plus ou moins grande qu'on lui donne, pour rendre le tirage produit par le jet de vapeur plus ou moins efficace. Si la pression de la vapeur devenait trop grande, il faudrait, comme pour les machines locomotives ordinaires, ouvrir la porte du foyer ou fermer le capuchon de la cheminée. Pour le second groupe, le maniement du surchauffage sera différent. A l'allumage du foyer, il n'y a pas de danger pour l'appareil, parce que le tirage n'est pas grand et les tuyaux de l'appareil contiennent toujours de l'eau condensée. La vapeur se produira facilement, et dès qu'elle aura atteint une certaine tension effective, cette tension croîtra rapidement par l'influence de l'appareil surchauffeur, qui remplacera avantageusement le souffleur qu'on emploie dans ce but. Cette influence se produira en ouvrant le régulateur qui communique directement avec la chaudière. L'effet de la chaleur du foyer produira un courant de vapeur très-fort dans les tuyaux doubles et, par conséquent, une augmentation notable de la pression et de la quantité de la vapeur. Ce procédé doit être suivi toutes les fois que la machine locomotive s'arrête ; dans le cas où la pression de la vapeur deviendrait trop grande, on se servirait des moyens indiqués plus haut.

C'est de ces trois manières qu'on peut, je crois, parvenir à déterminer la limite qui existe pour l'emploi de la vapeur sèche et surchauffée aux machines locomotives. Il faut naturellement qu'on fasse des expériences pour arriver à la détermination de cette limite. Ces expériences doivent être faites sur une machine locomotive munie d'un appareil surchauffeur, comparativement avec une machine locomotive de la même série, sans appareil surchauffeur. L'appareil qui se prête le mieux pour ces expériences est celui du second système du second groupe.

D'après les résultats plus ou moins satisfaisants, on diminuera ou on allongera la partie des tuyaux extérieurs, qui est exposée au feu direct, ou on remplacera, si on n'est pas encore arrivé à la limite du surchauffage, cet appareil par l'appareil du premier système du second groupe; celui-ci étant divisé en deux compartiments, on pourra faire passer la vapeur deux fois de suite par des tuyaux doubles exposés au feu.

Quant aux résultats qu'on peut obtenir par ces appareils en fait d'économie de combustible et d'eau, il est difficile de les déterminer par des calculs. L'incertitude qui existe sur l'élévation de la température dans le foyer, et la rapidité plus ou moins grande avec laquelle la vapeur passe par les tuyaux doubles rendent ces calculs très-difficiles. Toutefois, d'après les résultats obtenus avec la vapeur surchauffée dans les machines fixes énoncés plus haut, je crois pouvoir évaluer à 10 pour cent au moins l'économie du combustible. Pour le réseau de la France, cette économie atteindrait au moins le chiffre de 5 millions de francs par an. Quant aux frais, j'évalue les frais des expériences indiqués plus haut à la somme de 6 ou 8,000 francs. L'installation du second système du deuxième groupe, qui se prête le mieux pour tous les types des locomotives coûtera environ 1,000 francs par locomotive, ce qui fera une dépense une fois faite de 4 ou 5 millions de francs, pour à peu près toutes les locomotives qui parcourent le réseau de la France.

A cette économie d'eau et de combustible qui constituent déjà un énorme avantage, s'en ajoutera un autre non moins sérieux, l'augmentation de la force des locomotives. La vitesse, qu'une locomotive peut soutenir en exerçant un effort donné et la grandeur de cet effort lui-même, dépendent de sa production de vapeur. Cette production pour les machines locomotives ordinaires est donnée par la surface de chauffe des locomotives. Mais il y a une limite aussi bien pour l'emplacement d'une grande boîte à feu que pour la longueur des tubes, deux choses qui déterminent cette surface de chauffe. Dans les locomotives de grande traction, on est arrivé depuis quelque temps à cette limite, dans quelques-unes même on l'a surpassée et bien inutilement. Il ne reste pas d'autre moyen pour augmenter la production de la vapeur, et par celle-ci la vitesse et la puissance des machines locomotives, que l'emploi de la vapeur sèche et surchauffée. Ce résultat sera d'abord et principalement obtenu par la multiplication de la vapeur, qui résultera nécessairement du surchauffage, et en second lieu par l'augmentation du travail mécanique de la vapeur.

Je n'ose pas déterminer, même approximativement, les avantages que je viens d'indiquer, et qui résulteront de l'emploi de la vapeur sèche et surchauffée pour la puissance et la vitesse des machines locomotives. C'est un résultat qui ne peut être fixé que par des expériences sérieuses, qui seront faites avec des machines marchant avec la vapeur sèche et surchauffée, et comparées à des machines locomotives ayant les mêmes dimensions, mais marchant avec de la vapeur humide.

Malheureusement ce travail est resté jusqu'à présent à l'état de problème. Les démarches que j'ai fait pour en obtenir l'exécution sont restées sans résultats. Les argumentations qu'on oppose à mes idées se trouvent dans cet exposé, en même temps que mes réfutations. J'espère toutefois que, vu les graves questions d'intérêt, d'économie et de science, qui se rattachent à la question de l'emploi du séchage et du surchauffage de la vapeur pour les machines locomotives et que je viens d'exposer, le but de ce travail sera bientôt atteint.

Paris, 1869.

J.-B. HITTORF.

Paris, imprimerie Paul Dupont, rue Jean-Jacques-Rousseau, 41 (3478-9-9)

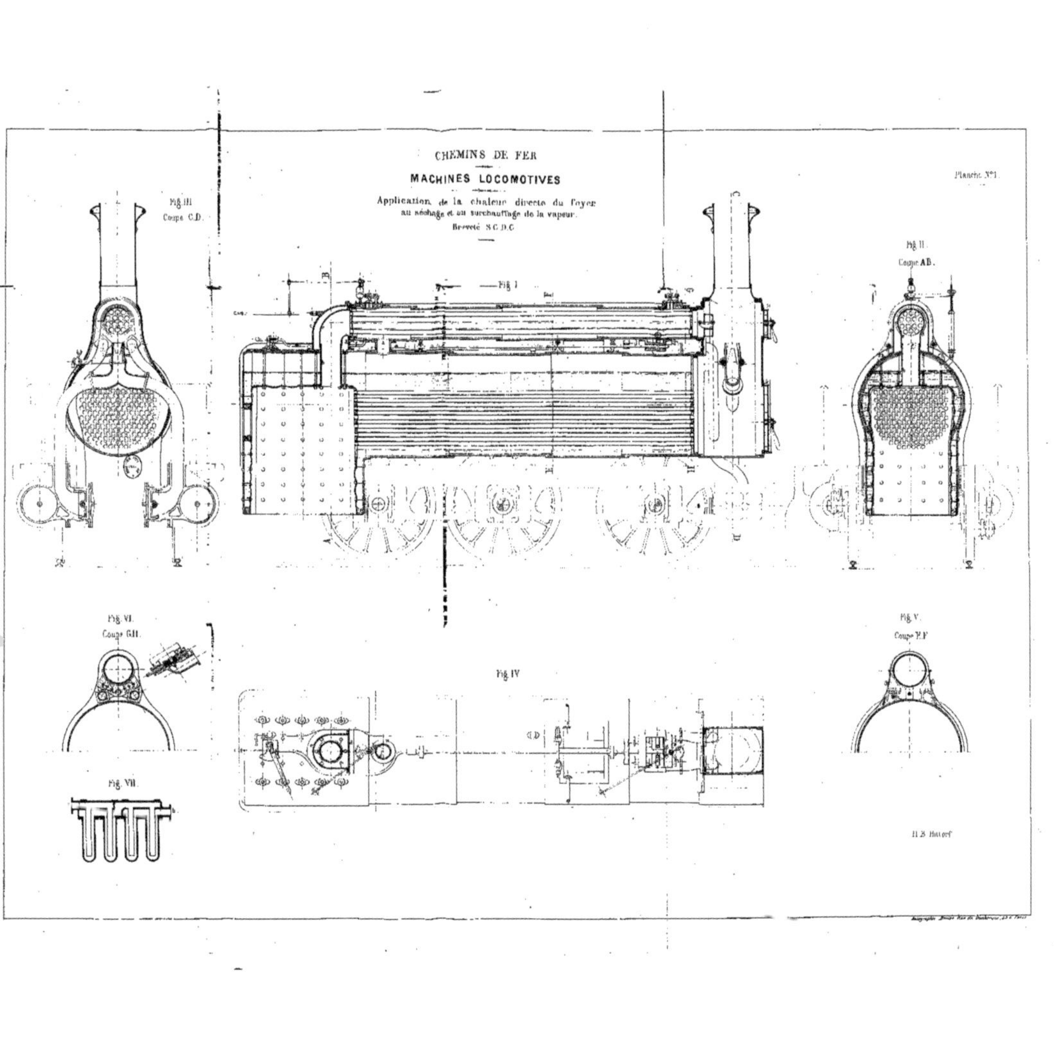

Application de la chaleur directe du foyer au séchage et au surchauffage de la vapeur.

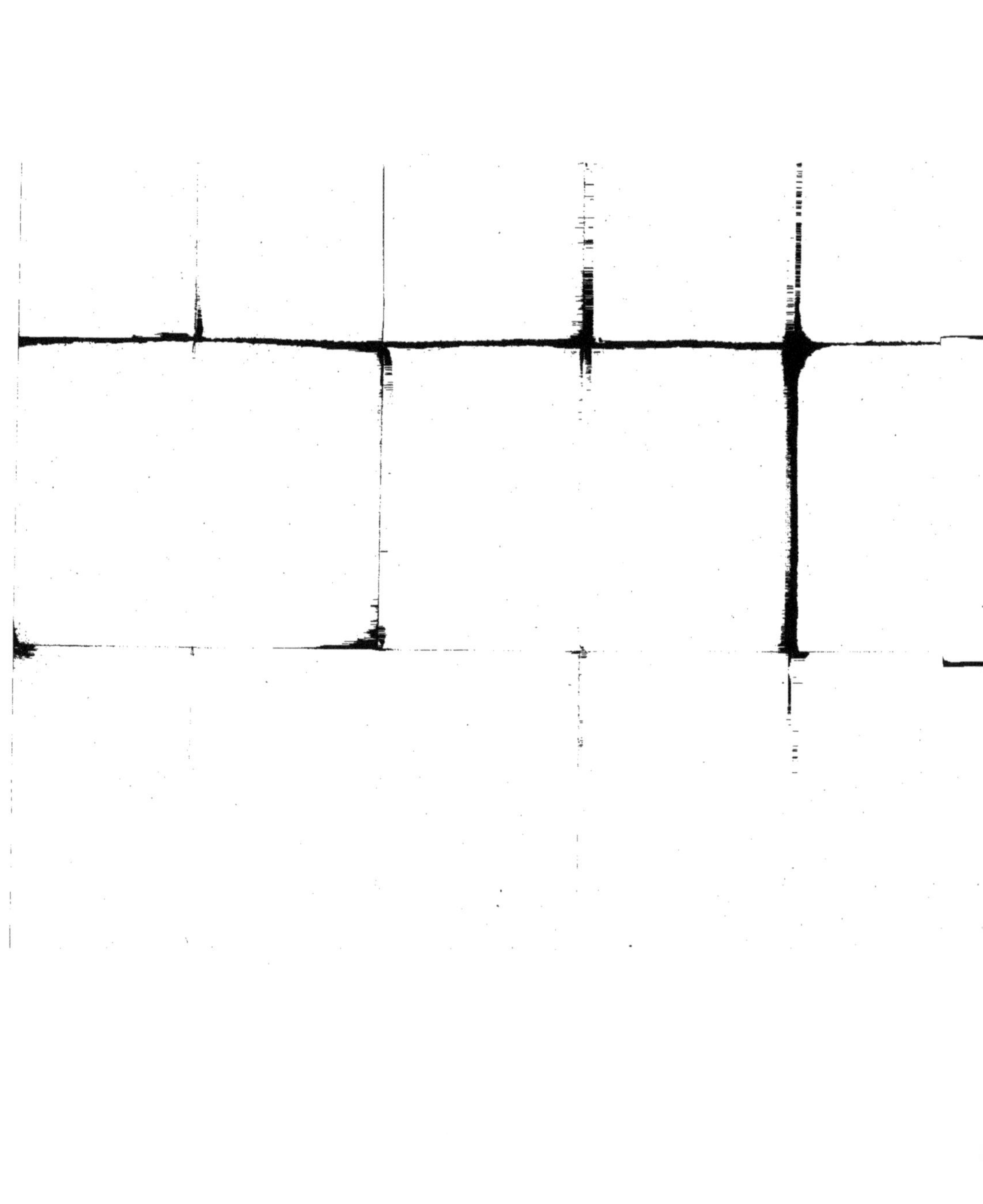

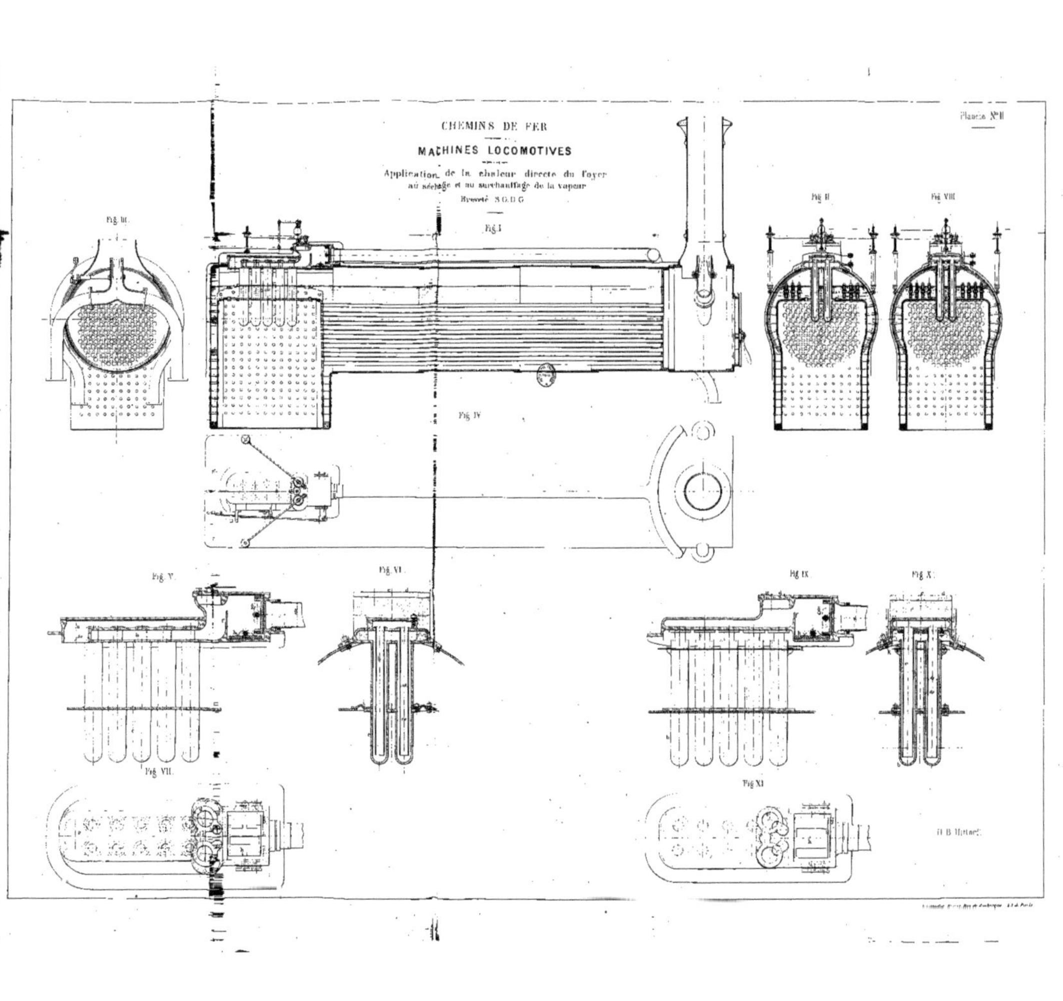

Planche N° II
CHEMINS DE FER
MACHINES LOCOMOTIVES
Application de la chaleur directe du foyer
au séchage et au surchauffage de la vapeur
Breveté S.G.D.G
Fig. I
Fig. II
Fig. VIII
Fig. III
Fig. IV
Fig. V
Fig. VI
Fig. IX
Fig. X
Fig. VII
Fig. XI